PATHÉPHONE

COMPAGNIE GÉNÉRALE DE PHONOGRAPHES

== Cinématographes et Appareils de Précision ==

SOCIÉTÉ ANONYME AU CAPITAL DE 5.000.000 DE FRANCS

MAISONS A

Paris - Londres - Moscou - Berlin - Vienne - Milan
Bruxelles - Amsterdam - St-Pétersbourg - Rostoff
etc., etc.

Siège Social : **98, Rue de Richelieu, PARIS**

Vente en Gros : 62, Rue de Richelieu, PARIS

Vente en Détail : 24 et 26, Boulevard des Italiens, PARIS

Usines à CHATOU (S.-&-O.)
FOREST, près Bruxelles (Belgique), **MOSCOU** (Russie)
INZERSDORF, près Vienne (Autriche)

Téléphone :   *Adresse Télégraphique :*
247-44 ET **247-65**   PATHÉPHONE - PARIS

RÉPERTOIRE
DES
DISQUES PATHÉ
24 $^{c/m}$ de diamètre
DOUBLE FACE

ooo

JUIN 1910

LE PRÉSENT RÉPERTOIRE ANNULE LES PRÉCÉDENTS

Conditions générales de Vente

✑ ✑ ✑

1° Les commandes doivent être faites par écrit; elles ne sont valables qu'après notre accusé de réception.

Nous nous réservons la faculté d'éliminer celles qui ne nous conviendraient pas.

2° Indiquer dans chaque commande la désignation exacte de chaque article.

Pour les disques enregistrés, il est indispensable de donner les numéros et la dimension.

3° Les prix indiqués sont pour des **marchandises prises nues, c'est-à-dire sans emballage, en nos magasins et fabriques, au comptant** et **payables à Paris,** quel que soit le mode de livraison et de recouvrement. (*Nos traites n'opèrent ni novation, ni dérogation à cette clause attributive de juridiction.*) **Toutes contestations seront jugées par les tribunaux de Paris, seuls compétents.**

4° Toute commande pour la France non accompagnée de son montant, plus les frais d'emballage et de port, sera expédiée **contre remboursement, port dû ou facturé.**

Nous n'expédions à l'**Etranger** qu'après avoir reçu le montant en espèces, chèque sur Paris, ou mandat-poste. La monnaie étrangère n'est acceptée que pour le prix que nous en obtenons au change.

5° Nous accordons des remises et conditions de faveur aux **commerçants revendeurs** de Phonographes ; elles sont indiquées par correspondance, sur demande accompagnée de références sur Paris.

Les clients de France ayant obtenu l'ouverture d'un compte après renseignements d'usage, paient nos factures sur relevé à 30 jours contre nos traites ou acquits. Ceux de l'Etranger devront nous couvrir par chèque sur Paris, dans le mois qui suit l'expédition. Il n'est pas accordé d'escompte en dehors de la remise convenue.

A défaut de règlement dans ces conditions, nous pourrons faire traite à vue, payable au cours de Paris à vue.

Nous nous réservons la faculté de limiter notre découvert à une seule facture ou à un chiffre quelconque que nous apprécierons seuls, selon les époques et les circonstances.

6° Les **frais d'emballage,** le **transport** et la **douane,** ainsi que tous les frais et risques de route, sont à la charge du client. Les emballages ne sont pas repris.

Indiquer sur chaque commande le mode d'envoi. A défaut, la Maison fera l'expédition de la façon qui lui paraîtra la plus économique, sans qu'elle veuille assumer **aucune responsabilité** de ce chef, ni admettre aucune réclamation concernant le transport.

Toute commande remise au chemin de fer ou à une Compagnie de transport est **considérée comme livrée au client,** et notre responsabilité cesse à partir de ce moment-là.

7° Nous n'assurons la marchandise que sur la demande expresse du client, renouvelée à chaque commande.

Sauf indication contraire, nous déclarons pour les douanes étrangères la valeur approximative de la marchandise. En aucun cas, nous ne pouvons être rendus responsables des conséquences de déclarations insuffisantes en l'absence d'instructions précises données à chaque commande.

8º Nos marchandises sont soigneusement examinées avant l'emballage et remises à la Compagnie de transport en parfait état.

Nous déclinons toute responsabilité pour retard, perte, avaries ou bris, dès que la Compagnie de transport nous aura délivré un récépissé de l'envoi.

Déballer et vérifier le contenu avant d'en donner décharge au livreur, lui faire payer les articles avariés ou refuser l'envoi en cas de contestation, en nous avisant.

9º Les commandes remises à nos **voyageurs ou représentants** ne nous engagent qu'après approbation écrite de notre Direction qui se réserve la faculté de les modifier par correspondance.

10º Nous mettons toute diligence pour **exécuter les ordres**, mais nous n'assumons aucune responsabilité pour retard si, pour un motif quelconque, la livraison ne peut se faire à la date indiquée.

11º Tant que la commande n'aura pas été annulée, le client sera tenu d'en prendre livraison; il devra l'accepter si elle est en route au moment où nous recevons contre-ordre. Les articles **commandés spécialement** seront livrés dans le délai le plus rapide, suivant les circonstances et ne pourront **pas être repris** par la maison.

12º Toute réclamation, pour être valable, devra nous parvenir **dans la huitaine** de la livraison au plus tard. Les marchandises expédiées ne son reprises que pour des motifs plausibles et ne doivent nous être retournées qu'après notre consentement écrit.

Les marchandises retournées ne doivent : ni être avariées, ni démontées, ni avoir été employées ou installées, ni être enfin entre les mains du client **depuis plus de huit jours,** sauf conventions spéciales.

NOTA. — **Nous nous réservons expressément la faculté, sans en informer préalablement notre clientèle :**

1º De supprimer certains articles figurant dans ce prix-courant.

2º D'apporter aux modèles décrits les modifications que nous jugerons utiles pour un meilleur rendement.

3º De modifier la forme et le genre de décoration des appareils et de leurs boites.

4º De changer le genre, la forme et la couleur de nos pochettes à disques et leur emballage.

Toute commande faite selon notre prix-courant implique acceptation des susdites clauses.

DISQUES ARTISTIQUES

RÉPERTOIRE

DES

DISQUES PATHÉ

de **24** ^c/m de diamètre

DOUBLE FACE

Disques de **24** ^c/m de diamètre, **double face** *Prix :* **2 75**

DISQUES SANS AIGUILLE

Brevetés S. G. D. G.

L'audition des Disques PATHÉ commence par le centre

AVIS IMPORTANT

L'ordre suivant a été adopté dans la composition du présent répertoire :

1º Les morceaux d'

Opéras	**Chœurs d'Opéras, d'Opéras=**
Opéras=Comiques	**Comiques ou d'Opérettes**
Opérettes	**Hymne national et Chants**
Duos	**patriotiques**
	Mélodies et Romances

sont classés par ordre alphabétique, d'après le titre de l'œuvre.

De plus, les morceaux faisant partie d'une même œuvre sont placés à la suite du titre de cette œuvre, par ordre alphabétique. (En raison de l'accouplement, le titre intéressant l'œuvre est imprimé en caractères gras).

2º Les morceaux chantés par le même artiste sont groupés sous le nom de l'artiste (l'ordre alphabétique a été adopté pour les noms des artistes en les divisant suivant leur genre, lyrique ou concert).

3º Le même ordre a été adopté pour les morceaux de déclamation.

4º Les morceaux d'orchestre sont groupés par genres dans l'ordre suivant :

Ouvertures	**Quadrilles**
Fantaisies	**Danses étrangères et origi=**
Marches de Concert	**nales**
Airs de Ballets et suites	**Marches Américaines**
d'Orchestre	**Marches, Défilés et Pas**
Morceaux de Genre	**Redoublés, Soli d'Ins=**
Valses	**truments divers**
Polkas	**Soli de Violon**
Mazurkas	**— Violoncelle**
Scottishs	**— Mandoline**
Galops	**— Accordéon**
Berline, Pas de quatre et	**Trompettes de Cavalerie**
Pas des Patineurs	**Trompes de Chasse**

Consulter en fin du présent Répertoire
la Table Générale des Matières

CHANT

Opéras, Opéras=Comiques

Africaine (l') (MEYERBEER)

Chanté par :

3482	Air de Vasco de Gama.	M. **AFFRE** (Opéra).
3483	Aïda. *O céleste Aïda.*	M. **Affre.**

0838	Chœur des Matelots (orchestre) soli par	MM. **DE POUMAYRAC, NANSEN, DANGÈS** et **BELHOMME.**
0840	Régiment de Sambre-et-Meuse (le) (chœur) (orchestre). soli par	MM. **de Poumayrac, Nansen, Dangès** et **Belhomme.**

Aïda (VERDI)

Chanté par :

3483	O céleste Aïda.	M. **AFFRE** (Opéra).
3482	Africaine (l'). *Air de Vasco de Gama.*	M. **Affre.**

Carmen (BIZET)

Chanté par :

3501	Près des Remparts de Séville (piano).	Mme **DELNA** (Opéra).
3504	Vivandière (la). *Viens avec nous* (piano).	Mme **Delna.**

Chalet (le) (ADAM)

Chanté par :

0512	Il faut me céder ta maîtresse (orchestre) (DUO).	MM. **BERTHAUD** et **BELHOMME.**
0513	Il faut me céder ta maîtresse (*suite*) (orchestre) (DUO).	MM. **BERTHAUD** et **BELHOMME.**

OPÉRAS, OPÉRAS-COMIQUES (suite)

Cloche du Rhin (la) (S. ROUSSEAU)

Chanté par :

3537	Ervine, écoute-moi (orchestre).	M. VAGUET (Opéra).
3736	Lohengrin. *Entrée* (piano).	M. Vaguet.

Deux Avares (les) (GRÉTRY)

Soli par :

0837	Garde passe (la) (chœur) (orch.)	MM. DEVRIÈS, NANSEN, DANGÈS et BELHOMME.
0855	Jolie Fille de Perth (la). *Chœur de la Forge* (orchestre).	MM. de Poumayrac, Nansen, Dangès et Belhomme.

Don Juan (MOZART)

Chanté par :

0687	Là devant Dieu (piano) (DUO).	Mlle MARY BOYER et M. PICCALUGA (Opéra-Comique).
0704	François les Bas-Bleus. *La Plume légère* (piano) (DUO).	Mlle Mary Boyer et M. Piccaluga.

Faust (GOUNOD)

Soli par :

0767	Chœur de la Kermesse (orch.)	MM. DEVRIÈS, NANSEN, DANGÈS et BELHOMME.
0831	Trouvère (le). *Chœur des Bohémiens* (orchestre).	MM. Devriès, Nansen, Dangès et Belhomme.
4603	Chœur des soldats (orchestre).	CHŒURS (Opéra).
4600	Huguenots (les). *Bénédiction des poignards* (orchestre).	Chœurs.
0765	Choral des épées (orchestre).	MM. DEVRIÈS, NANSEN, DANGÈS et BELHOMME.
0776	Fille de Madame Angot (la). *Chœur des Conspirateurs* (orchestre).	MM. Devriès, Nansen, Dangès et Belhomme.
0392	Ronde du veau d'or (piano).	M. BELHOMME (Opéra-Comique).
0368	Sérénade (piano).	M. BELHOMME (Opéra-Comique).

Grisélidis. (MASSENET)

Chanté par :

0680	Il partit au printemps (orchestre).	Mme VALLANDRI (Opéra-Comique).
0685	Roi d'Ys (le). *Air de Rozenn* (orchestre).	Mme Vallandri.

OPÉRAS, OPÉRAS-COMIQUES (suite)

Huguenots (les) (MEYERBEER)

Chanté par :

4600	Bénédiction des poignards (orch.).	CHŒURS (Opéra).
4603	Faust. *Chœur des soldats* (orchestre).	Chœurs.

Jolie Fille de Perth (la) (BIZET)

Soli par :

0855	Chœur de la Forge (orchestre).	MM. DE POUMAYRAC, NANSEN, DANGÈS et BELHOMME.
0837	Deux Avares (les). *La Garde passe* (orchestre).	MM. Devriès, Nansen, Dangès et Belhomme.

Juive (la) (HALÉVY)

Chanté par :

3833	Rachel quand du Seigneur (piano).	M. VAGUET (Opéra).
3748	Patrie. *Madrigal* (piano).	M. Vaguet.

Lakmé (LÉO DELIBES)

Chanté par :

0691	Air des Clochettes (orchestre).	Mme VALLANDRI (Opéra-Comique).
0688	Mireille. *Valse* (orchestre).	Mme Vallandri.

Lohengrin (WAGNER)

Chanté par :

3736	Entrée de Lohengrin (piano).	M. VAGUET (Opéra).
3537	Cloche du Rhin (la). *Ervine, écoute-moi* (orchestre).	M. Vaguet.

Miarka (A. GEORGES)

Chanté par :

0155	Cantique d'amour (orchestre).	M. VAGUET (Opéra).
0153	Mousquetaires de la Reine (les). *Romance* (orchestre).	M. Vaguet.

OPÉRAS, OPÉRAS-COMIQUES (suite)

Mireille (GOUNOD)

Chanté par :

0688 Valse (orchestre).   Mme VALLANDRI (Opéra-Comique).
0691 Lakmé. *Air des Clochettes* (orchestre).   Mme Vallandri.

Mousquetaires de la Reine (les) (HALÉVY)

Chanté par :

0153 Romance (orchestre).   M. VAGUET (Opéra).
0155 Miarka. *Cantique d'amour* (orchestre).   M. Vaguet.

Nuits Persanes (les) (SAINT-SAËNS)

Chanté par :

3535 Air du cimetière (orchestre).   M. VAGUET (Opéra).
3534 Air du sabre (orchestre).   M. VAGUET (Opéra).

Paillasse (LEONCAVALLO)

Chanté par :

0157 Pauvre Paillasse (orchestre).   M. VAGUET (Opéra).
0191 Werther. *Pourquoi me réveiller ?* (orch.). M. Vaguet.

Patrie (PALADILHE)

Chanté par :

0305 Madrigal (orchestre).   M. VAGUET (Opéra).
0140 Tosca (la). *Le ciel luisait* (orchestre). M. Vaguet.

3748 Madrigal (piano).   M. VAGUET (Opéra).
3833 Juive (la). *Rachel, quand* (orchestre).   M. Vaguet.

Philémon et Baucis (GOUNOD)

Chanté par :

0459 Hé quoi ? Parce que Mercure (piano).   M. BOYER (Opéra-Comique).
0458 Vénus n'est pas plus belle (piano).   M. BOYER (Opéra-Comique).

OPÉRAS, OPÉRAS-COMIQUES (suite)

Rigoletto (VERDI)

Chanté par :

3481 Comme la plume au vent.   M. AFFRE (Opéra).
3491 Quand l'oiseau chante (mélodie).   M. Affre.

0288 Comme la plume au vent (orch.).   M. VAGUET (Opéra).
0286 Qu'une belle (orchestre).   M. VAGUET (Opéra).

0853 Chœur de la Vengeance (orchestre)   MM. DE POUMAYRAC, NANSEN,
         soli par   DANGÈS et BELHOMME.
0851 Zampa. *Chœur des Corsaires* (orch.) soli par   MM. de Poumayrac, Nansen,
                   Dangès et Belhomme.

Roi d'Ys (le) (E. LALO)

Chanté par :

0685 Air de Rozenn (orchestre).   Mme VALLANDRI (Opéra-Comique).
0680 Grisélidis. *Il partit au printemps* (orch.).   Mme Vallandri.

Songe d'une Nuit d'été (le) (A. THOMAS)

Soli par :

0772 Chœur des gardes-chasse (orch.).   MM. DEVRIÈS, NANSEN,
                       DANGÈS et BELHOMME.
0771 Voyage en Chine (le). *Chœur du Cidre.*   MM. Devriès, Gilly, Dangès
                       et Belhomme.

Tosca (la) (PUCCINI)

Chanté par :

0140 Ciel luisait d'étoiles (le) (orchestre).   M. VAGUET (Opéra).
0305 Patrie. *Madrigal* (orchestre).   M. Vaguet.

Trouvère (le) (VERDI)

Soli par :

0831 Chœur des Bohémiens (orchestre).   MM. DEVRIÈS, NANSEN,
                       DANGÈS et BELHOMME.
0767 Faust. *Chœur de la Kermesse* (orch.).   MM. Devriès, Nansen, Dangès
                       et Belhomme.

OPÉRAS, OPÉRAS-COMIQUES (suite)

Vivandière (la) (B. GODARD)

Chanté par :

3504 Viens avec nous, petit (piano).   Mme DELNA (Opéra).
3501 Carmen. *Près des Remparts* (piano).   Mme Delna.

Voyage en Chine (le) (BAZIN)

Soli par :

0771 Chœur du cidre.   MM. DEVRIÈS, GILLY, DANGÈS
                                et BELHOMME.
0772 Songe d'une Nuit d'Eté (le). *Chœur*   MM. Devriès, Nansen, Dangès
      des gardes-chasse (orchestre).   et Belhomme.

Werther (MASSENET)

Chanté par :

0191 Pourquoi me réveiller ? (orchestre).   M. VAGUET (Opéra).
0157 Paillasse. *Pauvre Paillasse* (orchestre).   M. Vaguet.

Zampa (HÉROLD)

Soli par :

0851 Chœur des corsaires (orchestre).   MM. DE POUMAYRAC, NANSEN,
                                DANGÈS et BELHOMME.
0853 Rigoletto. *Chœur de la Vengeance*   MM de Poumayrac, Nansen,
      (orchestre).   Dangès et Belhomme.

Opérettes

Barbe bleue (OFFENBACH)

Chanté par :

2438 Couplets de la Boulotte (orchestre). Mlle LÉO DEMOULIN (Variétés).
2439 Mascotte (la). *Chanson du Capitaine* (orchestre) — Mlle Léo Demoulin.

Boccace (VON SUPPÉ)

Chanté par :

2413 Couplets du jardinier (orchestre). Mlle LÉO DEMOULIN (Variétés).
2441 Gillette de Narbonne. *Couplets du Dodo* (orchestre). Mlle Léo Demoulin.

Fille de Madame Angot (la) (LECOCQ)

Chanté par :

0776 Chœur des Conspirateurs (orch.) MM. DEVRIÈS, NANSEN,
Soli par — DANGÈS et BELHOMME.
0765 Faust. *Choral des épées* (orchestre). MM. Devriès, Nansen, Dangès et Belhomme.

0988 Je vous dois tout (orchestre). Mme EDMÉE FAVART (Scala).
0984 Fille du Tambour-Major (la). *Chanson de la fille* (orchestre). Mme Edmée Favart.

Fille du Tambour-Major (la) (OFFENBACH)

Chanté par :

0984 Chanson de la Fille (orchestre). Mme EDMÉE FAVART (Scala).
0988 Fille de Mme Angot (la). *Je vous dois tout* (orchestre). Mme Edmée Favart.

2331 Duo du petit troupier (orchestre). Mlle LÉO DEMOULIN et M. BERTHAUD.
2341 Périchole (la). *Séguidille* (orchestre). Mlle Léo Demoulin et M. Berthaud.

OPÉRETTES (suite)

François les Bas-Bleus (Bernicat et Messager)

Chanté par :

0704	Plume légère (la) (piano). (Duo)	Mlle MARY BOYER et M. PICCALUGA (Opéra-Comique).
0687	Don Juan. Là, devant Dieu (piano) (DUO).	Mlle Mary Boyer et M. Piccaluga.

Gillette de Narbonne (Audran)

Chanté par :

2441	Couplets du dodo (orchestre).	Mlle LÉO DEMOULIN (Variétés).
2413	Boccace. Couplets du jardinier (orchestre).	Mlle Léo Demoulin.

Grand Mogol (le) (Audran)

Chanté par :

0735	Dans ce beau palais de Delhi (orchestre) (DUO).	Mlle R. LAMBRECHT et M. DELVOYE.
0738	Mascotte (la). Quelle tournure (orchestre).	Mlle R. Lambrecht et M. Delvoye.
2317	Si j'étais un petit serpent (orch.)	M. BERTHAUD (Th. Monte-Carlo).
2316	Mascotte (la). Couplets du secret de Polichinelle (orchestre).	M. Berthaud.

Jour et la Nuit (le) (Lecocq)

Chanté par :

0622	Portugais sont toujours gais (les) (piano).	M. MARÉCHAL (Eldorado).
0644	Mousquetaires au couvent (les). Je suis l'abbé (piano).	M. Maréchal.

Mascotte (la) (Audran)

Chanté par :

2439	Chanson du capitaine (orchestre).	Mlle LÉO DEMOULIN (Variétés).
2438	Barbe-Bleue. Couplets de la Boulotte (orchestre).	Mlle Léo Demoulin.
2316	Couplets du " Secret de Polichinelle " (orchestre).	M. BERTHAUD (Th. Monte-Carlo).
2317	Grand Mogol (le). Si j'étais un petit serpent (orchestre).	M. Berthaud.

OPÉRETTES *(suite)*

MASCOTTE (la) *(suite)*

0738   Quelle tournure, quel maintien (orchestre) (DUO).   Mlle R. LAMBRECHT et M. DELVOYE.

0735   Grand Mogol (le). *Dans ce beau palais de Delhi* (orchestre) (DUO).   Mlle R. Lambrecht et M. Delvoye.

Mousquetaires au Couvent (les) (VARNEY)

Chanté par :

0644   Je suis l'abbé Bridaine (piano).   M. MARÉCHAL (Eldorado).

0622   Jour et la nuit (le). *Les portugais* (piano).   M. Maréchal.

Périchole (la) (OFFENBACH)

Chanté par :

2412   Griserie (orchestre).   Mlle LÉO DEMOULIN (Variétés).

2437   Véronique. *Couplets d'Estelle* (orchestre).   Mlle Léo Demoulin.

2341   Séguidille (orchestre). (DUO)   Mlle LÉO DEMOULIN et M. BERTHAUD.

2331   Fille du Tambour-Major (la). *Duo du petit troupier* (orchestre).   Mlle Léo Demoulin et M. Berthaud.

Petite Mariée (la) (LECOCQ)

Chanté par :

0982   Dans la bonne société (orchestre).   Mme EDMÉE FAVART (Scala).

0986   Véronique. *Petite Dinde* (orchestre).   Mme Edmée Favart.

Véronique (MESSAGER)

Chanté par :

2437   Couplets d'Estelle et de Véronique (orchestre).   Mlle LÉO DEMOULIN (Variétés).

2412   Périchole (la). *Griserie* (orchestre).   Mlle Léo Demoulin.

0986   Petite Dinde (orchestre).   Mme EDMÉE FAVART (Scala).

0982   Petite Mariée (la). *Dans la bonne société* (orchestre).   Mme Edmée Favart.

DUOS

Opéras=Comiques

Chalet (le) (ADAM)

0512 Il faut me céder ta maîtresse (orchestre).
0513 Il faut me céder ta maîtresse (suite) (orchestre).

Chanté par :
MM. BERTHAUD et BELHOMME.
MM. BERTHAUD et BELHOMME.

Don Juan (MOZART)

0687 Là. devant Dieu (piano).
0704 François les Bas-Bleus. *La plume légère* (piano).

Chanté par :
Mlle MARY BOYER et
M. PICCALUGA (Opéra-Comique).
Mlle Mary Boyer et
M. Piccaluga.

Opérettes

Fille du Tambour-Major (la) (OFFENBACH)

Chanté par :

2331	Duo du petit troupier (orchestre).	Mlle LÉO DEMOULIN et M. BERTHAUD.
2341	Périchole (la). *Séguidille* (orchestre).	Mlle Léo Demoulin et M. Berthaud.

François les Bas-Bleus (BERNICAT et MESSAGER)

Chanté par :

0704	Plume légère (la) (piano).	Mlle MARY BOYER et M. PICCALUGA (Opéra-Comique).
0687	Don Juan. *Là, devant Dieu* (piano).	Mlle Mary Boyer et M. Piccaluga.

Grand Mogol (le) (AUDRAN)

Chanté par :

0735	Dans ce beau palais de Delhi (orchestre).	Mlle R. LAMBRECHT et M. DELVOYE.
0738	Mascotte (la). *Quelle tournure* (orchestre).	Mlle R. Lambrecht et M. Delvoye.

Mascotte (la) (AUDRAN)

Chanté par :

0738	Quelle tournure, quel maintien (orchestre).	Mlle R. LAMBRECHT et M. DELVOYE.
0735	Grand Mogol (le). *Dans ce beau palais de Delhi* (orchestre).	Mlle R. Lambrecht et M. Delvoye.

Périchole (la) (OFFENBACH)

Chanté par :

2341	Séguidille (orchestre).	Mlle LÉO DEMOULIN et M. BERTHAUD.
2331	Fille du Tambour-Major (la). *Duo du petit troupier* (orchestre).	Mlle Léo Demoulin et M. Berthaud.

CHŒURS

Opéras, Opéras=Comiques

Africaine (l') (MEYERBEER)

Soli par :

0838	Chœur des Matelots (orchestre).	MM. DE POUMAYRAC, NANSEN DANGÈS et BELHOMME.
0840	Régiment de Sambre-et-Meuse (le) (chœur) (orchestre).	MM. de Poumayrac, Nansen, Dangès et Belhomme.

Deux Avares (les) (GRÉTRY)

Soli par :

0837	Garde passe (la) (orchestre).	MM. DEVRIÈS, NANSEN, DANGÈS et BELHOMME.
0855	Jolie Fille de Perth (la). *Chœur de la Forge* (orchestre).	MM. de Poumayrac, Nansen, Dangès et Belhomme

Faust (GOUNOD)

Soli par :

0767	Chœur de la Kermesse (orchestre).	MM. DEVRIÈS, NANSEN, DANGÈS et BELHOMME.
0831	Trouvère (le). *Chœur des Bohémiens* (orchestre).	MM. Devriès, Nansen, Dangès et Belhomme.
4603	Chœur des soldats (orchestre).	CHŒURS (Opéra).
4600	Huguenots (les). *Bénédiction des poignards* (orchestre).	Chœurs.
0765	Choral des épées (orchestre).	MM. DEVRIÈS, NANSEN, DANGÈS et BELHOMME.
0776	Fille de Mᵐᵉ Angot (la). *Chœur des Conspirateurs* (orchestre).	MM. Devriès, Nansen, Dangès et Belhomme.

OPÉRAS, OPÉRAS-COMIQUES (suite)

CHŒURS (suite)

Huguenots (les) (MEYERBEER)

Chanté par :
CHŒURS (Opéra).
Chœurs.

4600 Bénédiction des poignards (orch.).
4603 Faust. *Chœur des soldats* (orchestre).

Jolie Fille de Perth (la) (BIZET)

Soli par :
MM. DE POUMAYRAC, NANSEN, DANGÈS et BELHOMME.
MM. Devriès, Nansen, Dangès et Belhomme.

0855 Chœur de la Forge (orchestre).
0837 Deux Avares (les). *La garde passe* (orch.).

Rigoletto (VERDI)

Soli par :
MM. DE POUMAYRAC, NANSEN, DANGÈS et BELHOMME.
MM. de Poumayrac, Nansen, Dangès et Belhomme.

0853 Chœur de la Vengeance (orchestre).
0851 Zampa. *Chœur des Corsaires* (orchestre).

Songe d'une Nuit d'été (le) (A. THOMAS)

Soli par :
MM. DEVRIÈS, NANSEN, DANGÈS et BELHOMME.
MM. Devriès, Gilly, Dangès et Belhomme.

0772 Chœur des gardes-chasse (orch.).
0771 Voyage en Chine (le). *Chœur du Cidre*.

Trouvère (le) (VERDI)

Soli par :
MM. DEVRIÈS, NANSEN, DANGÈS et BELHOMME.
MM. Devriès, Nansen, Dangès et Belhomme.

0831 Chœur des Bohémiens (orchestre).
0767 Faust. *Chœur de la Kermesse* (orchestre).

Voyage en Chine (le) (BAZIN)

Soli par :
MM. DEVRIÈS, GILLY, DANGÈS et BELHOMME.
MM. Devriès, Nansen, Dangès et Belhomme.

0771 Chœur du cidre.
0772 Songe d'une nuit d'été (le). *Chœur des Gardes-chasse* (orchestre).

OPÉRAS, OPÉRAS-COMIQUES *(suite)*

CHŒURS *(suite)*

Zampa (HÉROLD)

Soli par :

0851   Chœur des Corsaires (orchestre).   MM. DE POUMAYRAC, NANSEN, DANGÈS et BELHOMME.

0853   Rigoletto. *Chœur de la Vengeance* (orch.).   MM. de Poumayrac, Nansen, Dangès et Belhomme.

Opérette

Fille de Madame Angot (la) (LECOCQ)

Soli par :

0776   Chœur des Conspirateurs (orch.).   MM. DEVRIÈS, NANSEN, DANGÈS et BELHOMME.

0765   Faust. *Choral des Épées* (orchestre).   MM. Devriès, Nansen, Dangès et Belhomme.

Hymne National et Chants patriotiques

Soli par :

0808   Chant du Départ (le) (Méhul) (orch.).   MM. DEVRIÈS, NANSEN, DANGÈS et BELHOMME.

0808   Marseillaise (la) (Rouget de l'Isle) (orch.).   MM. DEVRIÈS, NANSEN, DANGÈS et BELHOMME.

0840   Régiment de Sambre-et-Meuse (le) (Planquette) (orchestre).   MM. DE POUMAYRAC, NANSEN, DANGÈS et BELHOMME.

0838   Africaine (l'). *Chœur des Matelots* (orch.).   MM. de Poumayrac, Nansen, Dangès et Belhomme.

Mélodies et Romances

Chanté par :

0299　Arioso (Messager) (orchestre).　M.　VAGUET (Opéra).
0300　Elégie (tiré de " Les Erynnies ") (orch.).　M.　Vaguet.

0249　Aubade (Duhamel) (orchestre).　M.　VAGUET (Opéra).
0168　Sérénade de Schubert (orchestre).　M.　Vaguet.

1626　Biniou (le) (E. Durand) (piano).　M.　ALVAREZ (Opéra).
1646　Soir (le) (piano).　M.　Alvarez.

4558　Chanson pour Jean (E. Chizat) (orch.).　M.　BELHOMME (Opéra-Comique).
0391　Poule chanteuse (la) (orchestre).　M.　Belhomme.

3650 bis　Chant provençal (Mireille) (Massenet) (orchestre).　M.　VAGUET (Opéra).
3753 bis　Lamento.　M.　Vaguet.

3520　Charité (la) (Faure) (orchestre).　M.　ALBERS (Opéra-Comique).
3527　Noël (orchestre).　M.　Albers.

0300　Elégie (tiré de " Les Erynnies ") (Massenet) (orchestre).　M.　VAGUET (Opéra).
0299　Arioso (orchestre).　M.　Vaguet.

0829　Extase (Salomon) (piano).　M.　BOYER (Opéra-Comique).
1139　Voix des Chênes (la) (piano).　M.　Boyer.

3753 bis　Lamento (Darien) (orchestre).　M.　VAGUET (Opéra).
3650 bis　Chant provençal (Mireille) (orchestre).　M.　Vaguet.

0362　Leçon d'Histoire Sainte (la) (P. Martin) (orchestre).　M.　BELHOMME (Opéra-Comique).
0353　Pastorale (orchestre).　M.　Belhomme.

0091　Ma blonde amie (H. Emmanuel) (orch.).　M.　VAGUET (Opéra).
0097　Qu'en dis-tu, petite ? (orchestre).　M.　Vaguet.

0200　Mai (R. Hahn) (orchestre).　M.　VAGUET (Opéra).
0192　Pour une larme (orchestre).　M.　Vaguet.

3525　Myrtes sont flétris (les) (Faure) (orchestre).　M.　ALBERS (Opéra-Comique).
4886　Semailles (orchestre).　M.　Albers.

MÉLODIES ET ROMANCES *(suite)*

Chanté par :

3527	Noël (Adam) (orchestre).	M. ALBERS (Opéra-Comique).
3520	Charité (la) (orchestre).	M. Albers.
0353	Pastorale (P. Martin) (orchestre).	M. BELHOMME (Opéra-Comique).
0362	Leçon d'Histoire Sainte (la) (orchestre).	M. Belhomme.
4518	Petits Bambins d'Amour (Delahre) (orchestre).	M. VAGUET (Opéra).
4516	Vierge à la Crèche (la) (orchestre).	M. Vaguet.
0391	Poule chanteuse (la) (P. Martin) (orch.).	M. BELHOMME (Opéra-Comique).
4558	Chanson pour Jean (orchestre).	M. Belhomme.
0192	Pour une larme (Domergue) (orchestre).	M. VAGUET (Opéra).
0200	Mai (orchestre).	M. Vaguet.
0152	Prenez mon cœur (J. Darien) (orchestre).	M. VAGUET (Opéra).
0151	Si mes vers avaient des ailes (orch.).	M. Vaguet.
0097	Qu'en dis-tu, petite? (L. Delerue) (orch.).	M. VAGUET (Opéra).
0091	Ma blonde amie (orchestre).	M. Vaguet.
3840	Rêve d'enfant (L. Billaut) (piano).	M. VAGUET (Opéra).
3757	Souvenez-vous, Vierge Marie (piano).	M. Vaguet.
4886	Semailles (Goublier) (orchestre).	M. ALBERS (Opéra-Comique).
3525	Myrtes sont flétris (les) (orchestre).	M. Albers.
0168	Sérénade (Schubert) (orchestre).	M. VAGUET (Opéra).
0249	Aubade (orchestre).	M. Vaguet.
0335	Sérénade du passant (Massenet) (orchestre).	M. VAGUET (Opéra).
0145	Voisinage (orchestre).	M. Vaguet.
0151	Si mes vers avaient des ailes (R. Hahn) (orchestre).	M. VAGUET (Opéra).
0152	Prenez mon cœur (orchestre).	M. Vaguet.
1646	Soir (le) (Gounod) (piano).	M. ALVAREZ (Opéra).
1626	(Biniou (le) (piano.	M. Alvarez.

MÉLODIES ET ROMANCES *(suite)*

Chanté par :

3757	**Souvenez-vous,** Vierge Marie (Massenet) (piano).	M.	**VAGUET** (Opéra).
3840	Rêve d'enfant (piano).	M.	**Vaguet.**
4516	**Vierge à la Crèche (la)** (J. Clérice) (orchestre).	M.	**VAGUET** (Opéra).
4518	Petits bambins d'amour (orchestre).	M.	**Vaguet.**
0145	**Voisinage** (Chaminade) (orchestre).	M.	**VAGUET** (Opéra).
0335	Sérénade du passant (orchestre).	M.	**Vaguet.**
1139	**Voix des Chênes (la)** (Goublier) (piano).	M.	**BOYER** (Opéra-Comique).
0829	Extase (piano).	M.	**Boyer.**

Répertoires Individuels

TÉNOR

AFFRE
de l'Opéra

OPÉRAS ET MÉLODIE

3482   **Africaine (l')** (Meyerbeer). — Air de Vasco de Gama.
3483   **Aïda** (Verdi). — O céleste Aïda.

3481   **Rigoletto** (Verdi). — Comme la plume au vent.
3491   **Quand l'oiseau chante** (mélodie).   Tagliafico.

BARYTON

ALBERS
de l'Opéra-Comique

MÉLODIES

3520   **Charité (la)** (orchestre).   Faure.
3527   **Noël** (orchestre).   Adam.

3525   **Myrtes sont flétris (les)** (orchestre).   Faure.
4886   **Semailles** (orchestre).   Goublier.

TÉNOR

ALVAREZ
de l'Opéra

MÉLODIES

1626   **Biniou (le)** (piano).   E. Durand.
1646   **Soir (le)** (piano).   Gounod.

RÉPERTOIRES INDIVIDUELS (*suite*)

BELHOMME

BASSE

de l'Opéra-Comique

OPÉRAS ET MÉLODIES

0892 **Faust** (GOUNOD). — Ronde du veau d'or (orchestre).
0368 **Faust** (GOUNOD). — Sérénade (orchestre).

4558 **Chanson pour Jean** (mélodie) (orchestre).   E. CHIZAT.
0391 **Poule chanteuse** (la) (mélodie) (orchestre).   P. MARTIN.

0362 **Leçon d'histoire sainte** (la) (orchestre).   P. MARTIN.
0353 **Pastorale** (orchestre).   P. MARTIN.

DUO

MM. BELHOMME et BERTHAUD

0512 **Chalet** (le) (ADAM). — Il faut me céder ta maîtresse (orchestre).
0513 **Chalet** (le) (ADAM). — Il faut me céder ta maîtresse *(suite)* (orch.).

BERTHAUD

TÉNOR

du Théâtre de Monte-Carlo

OPÉRETTES

2317 **Grand Mogol** (le) (AUDRAN). — Si j'étais un petit serpent (orch.).
2316 **Mascotte** (la) (AUDRAN). — Couplets du " Secret de Polichinelle "
(orchestre).

DUOS

MM. BERTHAUD et BELHOMME

0512 **Chalet** (le) (ADAM). — Il faut me céder ta maîtresse (orchestre).
0513 **Chalet** (le) (ADAM). — Il faut me céder ta maîtresse *(suite)* (orch.).

M. BERTHAUD et Mlle LÉO DEMOULIN

2331 **Fille du Tambour Major** (la) (OFFENBACH). — Chanson de la fille
(orchestre).
2341 **Périchole** (la) (OFFENBACH). — Séguidille (orchestre).

RÉPERTOIRES INDIVIDUELS (*suite*)

BARYTON

BOYER
de l'Opéra-Comique

OPÉRA ET MÉLODIES

0459 Philémon et Baucis (GOUNOD). — Hé quoi? Parce que Mercure (piano).

0458 Philémon et Baucis (GOUNOD). — Vénus n'est pas plus belle (piano).

0829 Extase (mélodie) (piano).   SALOMON.

1139 Voix des Chênes (la) (mélodie) (piano).   GOUBLIER.

TÉNOR

DELVOYE
de l'Opéra-Comique

DUOS

Mlle ROSALIA LAMBRECHT et M. DELVOYE

0735 Grand Mogol (le) (AUDRAN). — Dans ce beau palais de Delhi (orch.).

0738 Mascotte (la) (AUDRAN). — Quelle tournure, quel maintien (orch.).

BARYTON

PICCALUGA
de l'Opéra-Comique

DUOS

Mlle MARY BOYER ET M. PICCALUGA

0687 Don Juan (MOZART). — Là, devant Dieu (piano).

0704 François les Bas-Bleus (BERNICAT et MESSAGER). — La plume légère (piano).

RÉPERTOIRES INDIVIDUELS (suite)

TÉNOR

VAGUET
de l'Opéra

OPÉRAS ET OPÉRAS-COMIQUES

3537 **Cloche du Rhin (la)** (S. Rousseau). — Ervine, écoute-moï (orchestre).
3736 **Lohengrin** (Wagner). — Entrée de Lohengrin (piano).

3833 **Juive (la)** (Halévy). — Rachel, quand du Seigneur (piano).
3748 **Patrie** (Paladilhe). — Madrigal (piano).

0155 **Miarka** (A. Georges). — Cantique d'Amour (orchestre).
0153 **Mousquetaires de la Reine (les)** (Halévy). — Romance (orchestre).

3535 **Nuits Persanes (les)** (St-Saëns). — Air du Cimetière (orchestre).
3534 **Nuits Persanes (les)** (St-Saëns). — Air du Sabre (orchestre).

0157 **Paillasse** (Leoncavallo). — Pauvre Paillasse (orchestre).
0191 **Werther** (Massenet). — Pourquoi me réveiller ? (orchestre).

0305 **Patrie** (Paladilhe). — Madrigal (orchestre).
0140 **Tosca (la)** (Puccini). — Le ciel luisait (orchestre).

0288 **Rigoletto** (Verdi). — Comme la plume au vent (orchestre).
0286 **Rigoletto** (Verdi). — Qu'une belle (orchestre).

MÉLODIES ET ROMANCES

0299 **Arioso** (orchestre).   Messager.
0300 **Elégie** (mélodie tirée de " Les Erynnies " (orch.).   Massenet.

0249 **Aubade** (orchestre).   Duhamel.
0168 **Sérénade** (orchestre).   Schubert.

3650 bis **Chant Provençal** (Mireille) (orchestre).   Massenet.
3733 bis **Vous êtes jolie** (orchestre).   P. Delmet.

0091 **Ma blonde Amie** (orchestre).   H. Emmanuel.
0097 **Qu'en dis-tu, petite ?** (orchestre).   L. Delerue.

RÉPERTOIRES INDIVIDUELS (suite)

VAGUET (suite)

0200	Mai (orchestre).	R. HAHN.
0192	Pour une larme (orchestre).	DOMERGUE.
4518	Petits bambins d'amour (orchestre).	DELABRE.
4516	Vierge à la Crèche (la) (orchestre).	J. CLÉRICE.
0152	Prenez mon cœur (orchestre).	J. DARIEN.
0151	Si mes vers avaient des ailes (orchestre).	R. HAHN.
3840	Rêve d'enfant (piano).	L. BILLAUT.
3757	Souvenez-vous, Vierge Marie (piano).	MASSENET.
0335	Sérénade du passant (orchestre).	MASSENET.
0145	Voisinage (orchestre).	CHAMINADE.

SOPRANO

Mlle MARY BOYER
de l'Opéra-Comique

DUOS

Mlle MARY BOYER et M. PICCALUGA

0687 Don Juan (MOZART). — Là, devant Dieu (piano).
0704 François les Bas-Bleus (BERNICAT et MESSAGER). — La plume
        légère (piano).

CONTRALTO

Mme DELNA
de l'Opéra

OPÉRAS-COMIQUES

5301 Carmen (BIZET). — Près des remparts de Séville (piano).
3504 Vivandière (la) (B. GODARD). — Viens avec nous (piano).

RÉPERTOIRES INDIVIDUELS (suite)

SOPRANO

Mlle LÉO DEMOULIN
des Variétés

OPÉRETTES

2438 Barbe bleue (OFFENBACH). — Couplets de la Boulotte (orchestre).
2439 Mascotte (la) (AUDRAN). — Chanson du capitaine (orchestre).

2413 Boccace (VON SUPPÉ). — Couplets du jardinier (orchestre).
2441 Gillette de Narbonne (AUDRAN). — Couplets du dodo (orchestre).

2412 Périchole (la) (OFFENBACH). — Griserie (orchestre).
2437 Véronique (MESSAGER). — Couplets d'Estelle (orchestre).

DUOS
Mlle LÉO DEMOULIN et M. BERTHAUD

2331 Fille du Tambour-Major (la) (OFFENBACH). — Duo du petit troupier (orchestre).
2341 Périchole (la) (OFFENBACH). — Séguidille (orchestre).

Mlle ROSALIA LAMBRECHT
du Trianon Lyrique

DUOS
Mlle ROSALIA LAMBRECHT et M. DELVOYE

0735 Grand Mogol (le) (AUDRAN). — Dans ce beau palais de Delhi (orchestre).
0738 Mascotte (la) (AUDRAN). — Quelle tournure (orchestre).

Mme ALINE VALLANDRI
de l'Opéra-Comique

OPÉRAS-COMIQUES

0680 Grisélidis (MASSENET). — Il partit au printemps (orchestre).
0685 Roi d'Ys (le) (E. LALO). — Air de Rozenn (orchestre).

0691 Lakmé (LÉO DELIBES). — Air des Clochettes (orchestre).
0688 Mireille (GOUNOD). — Valse (orchestre).

CONCERT

BÉRARD
de l'Eldorado

3906	Chand de ballons (orchestre).	F. CHAUDOIR.
3933	Loup de mer (le) (orchestre).	BOREL-CLERC.
3896	Chanson de la France (la) (Chanson patriotique) (orchestre).	BOREL-CLERC.
3893	Trois Folies (les) (chanson) (orchestre).	DANIDERFF.
3914	Fumeur d'opium (chanson) (orchestre).	HELMER.
3916	Quand chantent les grillons (chanson provençale) (orchestre).	BOREL-CLERC.

BERGERET
du Casino de Paris

1251	Turcos (les) (piano).	TAYOUX.
1150	Zouaves et Turcos (piano).	XXX.

B. BLOCH
Humoriste alsacien

2415	Erreur de M. Eseveulchmôtz (l') (monologue).	BLOCH.
2429	Un Pélerinage à Saint-Stossârch (monologue grivois).	BLOCH.

CONCERT *(suite)*

CHARLESKY
Tyroliennomaniste de l'Alhambra

1215   **Départ du pâtre (le)** (chanson tyrolienne) (orch.).   PROVANDIER.
1199   **Roi des tyroliens (le)** (valse tyrolienne) (orch.).   DEQUIN.

1377   **Paris-Tyrol** (orchestre). (DUO par **M.** et **Mme Charlesky**).   SAINT-SERVAN.
1322   **Vieux pâtre (le)** (chanson tyrolienne) (orchestre).   SAINT-SERVAN.

CHARLUS
de l'Alcazar

3300   **Amen, secula, pan-pan** (scie-comico-religioso) (orchestre).   NICOLAY.
3007   **Legros** (scène militaire dialoguée).   XXX.

1992   **Anglais entêté (l').**   LAURAIN.
2264   **Cigale et la Fourmi (la)** (fable).   LA FONTAINE.

2277   **Caroline! Caroline!** (chansonnette) (orchestre).   SCOTTO.
2125   **Général! Caporal!** (monologue).   L. HALET.

1163   **Claironnant** (pot-pourri sur des sonneries militaires) (orchestre).   R. GEORGES.
1161   **Polka des andouillettes (la)** (chansonnette comique) (orchestre).   R. GEORGES.

1116   **Elle a des chichis** (chansonnette grivoise (orch.).   SOULAIRE.
1117   **Ma p'tite Adèle** (chansonnette grivoise) (orchestre).   FANTAPIÉ.

2458   **Elle est gentille** (chansonnette) (orchestre).   BOREL-CLERC.
2459   **Marseillaise de Boquillon (la)** (chansonnette) (orchestre).   GEORGES.

1085 bis   **Elle faisait, prout! prout!** (chansonnette) (orchestre).   R. GEORGES.
1052 bis   **Na..!** (chanson naïve) (orchestre).   CHRISTINÉ.

2193   **Epouseux du Berry (les)** (bourrée) (orchestre).   LHUILLIER.
2197   **Petite musicienne** (chansonnette) (orchestre).   CODINI.

CONCERT (suite)

CHARLUS (suite)

2273 Guillotine (la) (chansonnette grivoise) (orchestre). LUST.
2275 Tout en rose (chansonnette) (orchestre). SCOTTO.

2212 Japonaise (la) (chansonnette) (orchestre). SCOTTO.
2254 Rêve en auto (chansonnette grivoise) (orchestre). NICOLAY.

DALBRET
de l'Alhambra et des Ambassadeurs

1398 Ailleurs et Partout (chanson grivoise) (orchestre). BERNIAUX.
1429 Femme médecin (la) (chanson grivoise) (orchestre). CHRISTINÉ.

3579 Bonsoir, monsieur l'amour (orchestre). H. BRESLES.
3582 Un p'tit bout d'homme (orchestre). CHRISTINÉ.

1426 Comment !... l'amour !... c'est ça ! (chanson
grivoise) (orchestre). BRESLES-MARIC.
1427 Garde-le ma jolie (chanson légère) (orchestre). BERNIAUX.

1431 Flora-Florette (chansonnette) (orchestre). BERNIAUX.
3567 Mam'zelle Claudinette (chansonnette (orchestre). MALET-LELIÈVRE.

3578 Souvenirs de Venise (romance valse) (orch.). FISCHER-DEVAUX.
3581 Mon Esquimaude (chansonnette) (orchestre). GABAROCHE-DALBRET.

DICKSON
de la Scala

3182 Carmencita (habanera) (orchestre). FRANCESCHINI.
3181 Too! too! c'est l'amour! (chansonnette) (orch.). DÉROUVILLE-SPENCER.

CONCERT (suite)

KARL DITAN
de Parisiana

3417 Ça sent toujours l'amour (chanson-marche)
(orchestre).   GAUWIN-DARIS.
3414 Petit bonheur (chanson) (orchestre).   CHRISTINÉ.

ELVAL
du Théâtre Royal de La Haye

2686 Angelus de la mer (l') (mélodie (cloches et orchestre). GOUBLIER.
2685 Drapeau du paysan (le) (chanson) (orchestre).   FRAGEROLLES.

2645 Chemineau, chemine ! (chanson) (orchestre).   DANIDERFF.
2689 Une page d'amour ! (valse chantée) (orchestre).   RICO.

2678¹ Vieille charrue (la) (chanson rustique (cloches
et orchestre).   SAINT-SERVAN.
2678² Vieille charrue (la) (chanson rustique (cloches
et orchestre) (suite).   SAINT-SERVAN.

FERNAND FREY
de la Cigale

3127 Cidre (le) (opéra-fantaisiste interprété par F. Frey
tout seul) (piano).   FREY.
3169 De l'Influence des poissons sur les ondula-
tions de la mer (monologue-conférence).   FREY.

FRANCIS MANOEL
de la Pie qui Chante

3258 Chrysanthèmes (valse chantée) (orchestre).   MARGIS.
3256 Eternelle berceuse (orchestre).   NORMAND.

3257 Si les amours duraient toujours (romance)
(orchestre).   DE RHYNAL.
3266 Toujours t'aimer (mélodie-valse) (orchestre).   NILSON-FYSHER

CONCERT *(suite)*

MANSUELLE
des Ambassadeurs

2393	P'tite branche de lilas (chanson grivoise) (orchestre)	SPENCER.
2392	Qu'est-ce qui y a d'arrivé (chansonnette) (orchestre).	MAQUIS.

MARCELLY
de la Gaîté Rochechouart

2697	Ah ! dis-le-moi (chansonnette) (orchestre).	GUITTON.
2694	Votre baiser d'adieu (chanson-valse) (orchestre).	SÓLER.
3106	Amour au Chili (l') (chansonnette) (orchestre).	GOUBLIER.
3104	Hop ! Eh ! Ah ! Di ! Ohé ! (ch. populaire). (orch.).	BOSC ET FLYNN.
3068	Ce n'est qu'un roman (chanson-valse) (orchestre).	CODINI.
3062	Marche embaumée (orchestre).	STERNY.
3088	C'est une histoire (orchestre).	G. CAYE.
3089	Tes jolies choses (orchestre).	BOREL-CLERC.
2306	En revenant de Longchamp (chanson) (orchestre).	HALET.
3046	Souvenir d'Alsace (chanson) (orchestre).	DICKSON.
3012	Eternels joujoux (chanson) (orchestre).	GUITTON.
3032	Chanson de la France (la) (ch. patriotique) (orch.).	BOREL-CLERC.
2708	France qui passe (la) (ch. patriotique) (orchestre).	BOREL-CLERC.
2783	Ma chérie si jolie (chanson-valse) (orchestre).	TASSIN.
3056	Je t'ai gardé mon cœur (chanson) (orchestre).	NICOLI.
3070	C'est un enfant de Paris (orchestre).	BOREL-CLERC.
2706	M'amour jolie (romance) (orchestre).	GEORGES.
2740	Secret de Manon (le) (diction à voix) (orchestre).	SCOTTO.
3101	Marche à l'échelle (la) (orchestre).	BOREL-CLERC.
3156	Ma Chinoise (chansonnette) (orchestre).	SOULAIRE.

CONCERT (*suite*)

MARÉCHAL
de l'Eldorado

2663	Ami soleil (l') (piano).	DARCIER.
3468	Bataillon de la Moselle (le).	DARCIER.
0878	Bon Gîte (le) (orchestre).	MICHIELS.
0937	De sa mère on se souvient toujours (romance) (piano).	GOUBLIER.
3456	Bonhomme (piano).	NADAUD.
3469	Chanvre (le) (piano).	DARCIER.
0622	Jour et la Nuit (le) (*Les Portugais sont toujours gais*) (piano).	LECOCQ.
0644	Mousquetaires au Couvent (les) (*Je suis l'abbé Bridaine*) (piano).	VARNEY.

MERCADIER
de la Scala

4449 bis	Après la rupture (orchestre).	E. LEMERCIER.
1717	Bonsoir Madame la Lune (orchestre).	P. MARINIER.
1059	Partenza ! (chanson napolitaine) (orchestre).	E. MERCADIER.
1061	Venez me voir, Mademoiselle ! (orchestre).	M. GUITTON.

RAIVAL
Chanteur-imitateur des Folies-Bergère

4485	Beaux mariages (les) (chansonnette) (orchestre).	CODINI.
4482	Sonneur des amours (le) (avec cloches et imitation de cloches (orchestre).	BARRÉGAT.

CONCERT (suite)

VILBERT
de Parisiana

———

2513	Il m'instruit (chansonnette) (orchestre).	DORFEUIL.
2516	Suites d'ascension (chansonnette) (orchestre).	SIMON.
2511	Rédempteur (le) (chansonnette) (orchestre).	CHRISTINÉ.
2519	Veines (les) (parodie militaire) (orchestre).	SCOTTO.
2521	Sacrée Famille (chansonnette militaire) (orchestre).	STANISLAS.
2524	Si t'y vas (chansonnette) (orchestre).	BERNIAUX.

———

PAULINE BERT
de Parisiana

———

2218	Compère Guilleri. — Trempe ton pain (rondes) (orchestre).	LEBOUC.
2217	Sur le pont d'Avignon (ronde enfantine) (orchestre)	LEBOUC.

———

Mme EDMÉE FAVART
de la Scala

———

0988	Fille de Madame Angot (la). — Je vous dois tout (orchestre).	LECOCQ.
0984	Fille du Tambour-Major (la). — Chanson de la fille (orchestre).	OFFENBACH.
0982	Petite Mariée (la). — Dans la bonne société (orch.).	LECOCQ.
0986	Véronique. — Petite dinde (orchestre).	MESSAGER.

———

CONCERT (suite)

Mlle ESTHER LEKAIN
de Parisiana

3999	Légende des trois Chevaliers (la) (orchestre).	MATHÉ.
3994	Tout en rose (chant populaire) (orchestre).	SCOTTO.
3992	Lily (chansonnette) (orchestre).	CHRISTINÉ.
3990	Tire, tire, Ninette (chansonnette) (orchestre).	CHRISTINÉ.

DÉCLAMATION

DE FÉRAUDY
de la Comédie-Française

2848	Barbier de Séville (le).	BEAUMARCHAIS.
2851	Disque et le train (le).	DE BORNIER.
2894	Besace (la). — Le laboureur et ses enfants (fables).	LA FONTAINE.
2856	Médecin malgré lui (le).	MOLIÈRE.
2901	Cinq étages (les).	BÉRANGER.
2865	Mondanité.	DE FÉRAUDY.
2893²	Femme noyée (la).	LA FONTAINE.
2893¹	Loup et la Cigogne (le).	LA FONTAINE.
2904	Fleurs et les Femmes (les). — L'éléphant et le pain à cacheter.	DE FÉRAUDY.
2850	Fourberies de Scapin (les). — Scène des procès.	MOLIÈRE.

DUPARC
de l'Odéon

3397	A Georges Rochegrosse.	TH. DE BANVILLE.
3398	Pot de terre et le pot de fer (le).	LA FONTAINE.
2785	Aiglon (l'). — Les petits soldats.	ROSTAND.
3408	Renard et la Cigogne (le).	LA FONTAINE.
3344	Avare (l'). — Rôle d'Arpagon.	MOLIÈRE.
3350	Pâle étoile du Soir.	A. DE MUSSET.

DÉCLAMATION (suite)

DUPARC (suite)

3348	Barbier de Séville (le). — La calomnie.	BEAUMARCHAIS.
3347	Misanthrope (le). — Si le roi m'avait donné Paris.	MOLIÈRE.
2982	Cyrano de Bergerac. — Les Cadets de Gascogne.	ROSTAND.
2789	Cyrano de Bergerac. — Tirade des nez.	ROSTAND.
2794	Enfant de Paris (l'). — Scène dramatique.	VILLEMER.
3345	Petit Sou (le).	CLOVIS HUGUES.
3410	Huître et les Plaideurs (l').	LA FONTAINE.
3412	Petit poisson et le pêcheur (le).	LA FONTAINE.
2809	Malade imaginaire (le). — Scène de Diafoirus.	MOLIÈRE.
3343	Plaideurs (les). — Scène première (monologue de Petit Jean).	RACINE.
3340	Médecin malgré lui (le).	MOLIÈRE.
3346	Précieuses ridicules (les). — Oh ! Oh ! je n'y prenais garde.	MOLIÈRE.
2833	Songe d'Athalie (le). — C'était pendant l'horreur.	RACINE.
3342	Tartufe. — Tirade du 1er acte (rôle d'Orgon).	MOLIÈRE.

SUZANNE DESPRÈS
de la Comédie-Française

3315[1]	Achetez mes belles violettes.	RICHEPIN.
3315[2]	Pour les pauvres petits pierrots. — Ballade.	RICHEPIN.
3308	Il était une fois jadis.	RICHEPIN.
3310	Phèdre (tirade du 4e acte).	RACINE.

ORCHESTRE

Ouvertures

6307	Diamants de la Couronne (les) (orch. Pathé).	AUBER.
6368	Juive (la) (*cavatine*) (fantaisie) (orchestre Pathé).	HALÉVY.
6304	Guillaume Tell (*l'Orage*) (orchestre Pathé).	ROSSINI.
5014	Giroflé-Girofla (fantaisie) (orchestre Pathé).	LECOCQ.
6305	Guillaume Tell (*Ranz des Vaches*) (orchest. Pathé).	ROSSINI.
6306	Guillaume Tell (*Finale*) (orchestre Pathé)..	ROSSINI.
6312	Poète et Paysan (1re partie) (orchestre Pathé).	V. SUPPÉ.
5012	Poète et Paysan (2e partie) (orchestre Pathé).	V. SUPPÉ.
6310	Sémiramis (orchestre Pathé).	ROSSINI.
5010	Grande Duchesse de Gérolstein (la) (fantaisie) (orchestre Pathé).	OFFENBACH.

Fantaisies

6364	Africaine (l') (*Chœur des évêques*) (orch. Pathé).	MEYERBEER.
6370	Carmen (orchestre Pathé).	BIZET.
5085	Cavalleria Rusticana (*Sicilienne*).	MASCAGNI.
6406	Barbe Bleue (orchestre Pathé).	OFFENBACH.
6361	Dragons de Villars (les) (orchestre Pathé).	MAILLART.
6365	Reine de Saba (la) (orchestre Pathé).	GOUNOD.

ORCHESTRE *(suite)*

FANTAISIES *(suite)*

6385	**Faust** *Choral des Épées* (orchestre Pathé).	GOUNOD,
6388	**Fille du Tambour-Major** (la) (orchestre Pathé).	OFFENBACH.
6377	**Fille du Régiment** (la) (2e fantaisie) (orch. Pathé).	DONIZETTI.
6401	**Mignon** (*Duo des Hirondelles*) (orchestre Pathé).	A. THOMAS.
5014	**Giroflé-Girofla** (orchestre Pathé).	LECOCQ.
6304	Guillaume Tell (*l'orage*) (ouverture).	
6372	**Grand Mogol** (le) (orchestre Pathé).	AUDRAN.
6373	**Faust** (*Chœur des Soldats*) (orchestre Pathé).	GOUNOD.
6354	**Huguenots** (les) (*Conjuration des Poignards*) (orchestre Pathé).	MEYERBEER.
6359	**Pardon de Ploërmel** (le) (1re sélection) (orchestre Pathé).	MEYERBEER.
6368	**Juive** (la) (*cavatine*).	HALÉVY.
6307	Diamants de la Couronne (les) (ouverture) (orchestre Pathé).	
6371¹	**Lakmé** (1re sélection) (orchestre Pathé).	LÉO DELIBES.
6371²	**Lakmé** (2e sélection) (orchestre Pathé).	LÉO DELIBES.
6371³	**Lakmé** (3e sélection) (orchestre Pathé).	LÉO DELIBES.
6371⁴	**Lakmé** (4e sélection) (orchestre Pathé).	LÉO DELIBES.
5384	**Prophète** (le) (1re sélection) (orchestre Pathé).	MEYERBEER.
5385	**Prophète** (le) (2e sélection) (orchestre Pathé).	MEYERBEER.
6345	**Rigoletto** (1re fantaisie) (orchestre Pathé).	VERDI.
6346	**Rigoletto** (2e fantaisie) (orchestre Pathé).	VERDI.
5135	**Robert le Diable** (orchestre Pathé).	MEYERBEER.
6411	**Si j'étais Roi** (1re fantaisie) (orchestre Pathé).	ADAM.
5143	**Traviata** (la) (orchestre Pathé).	VERDI.
5171	**Louise** (orchestre Pathé).	CHARPENTIER.

ORCHESTRE (suite)

FANTAISIES (suite)

6409	Trouvère (le) (2e fantaisie) (orchestre Pathé).	VERDI.
6410	Trouvère (le) (3e fantaisie) (orchestre Pathé).	VERDI.
5155	Vivandière (la) (orchestre Pathé).	B. GODARD.
5170	Manon (duo du 1er acte) (orchestre Pathé).	MASSENET.

Marches de Concert

8948	Danse hongroise no 5 (orchestre Colonne).	BRAHMS.
8950	Marche turque (tiré de Ruines d'Athènes) (orch. Colonne).	BEETHOVEN.
5177	Hansel et Gretel (orchestre Pathé).	HUMPERDINCK.
5364	Marche persane (avec cloches) (orchestre Pathé).	FAHRBACH.
5352	Marche d'Aïda (orchestre Pathé).	VERDI.
5354	Rackoczy (marche hongroise) (orchestre Pathé).	RACKOCZY.
6067	Marche cosaque (orchestre Pathé).	PARÈS.
6082	Marche fémina (orchestre Pathé).	THUILLIER FILS.
6637	Marche du Tannhaüser (orchestre Pathé).	WAGNER.
6144	Marche des Chasseurs autrichiens (orch. Pathé).	
6639	Marche indienne (orchestre Pathé).	SELLÉNICK.
6640	Marche funèbre de Chopin (orchestre Pathé).	CHOPIN.
5365	Marche persane (orchestre Pathé).	STRAUSS.
5373	Marche grecque (orchestre Pathé).	GANNE.
6475	Patrouille turque (orchestre Pathé).	MICHAËLIS.
6621	Gourko (Marche héroïque des Balkans) (orchestre Pathé).	JANIN-JAUBERT.
5379	Patrouille turque (orchestre Pathé).	MICHAËLIS.
5383	Marche solennelle (orchestre Pathé).	PARÈS.

ORCHESTRE (suite)

Airs de Ballets
et Suites d'Orchestres

6477	Ballet de Coppélia (n° 1) (orchestre Pathé).	Léo Delibes.
6478	Ballet de Coppélia (n° 2) (orchestre Pathé).	Léo Delibes.
6460	Ballet égyptien (n° 1) (orchestre Pathé).	Luigini.
6461	Ballet égyptien (n° 2) (orchestre Pathé).	Luigini.

Morceaux de Genre

6853	Babillage (Intermède) (orchestre Pathé).	Gillet.
6854	Polonaise (orchestre Pathé).	Foare.
6847	Bengali (gavotte) (orchestre Pathé).	C. Haring.
6869	Gavotte Directoire (orchestre Pathé).	Kling.
7130	Cloches du Monastère (les) (fantaisie pour cloches) (orchestre Pathé).	Lefébure.
7142	Andante religieux (avec cloches) (orch. Pathé).	Senée.
7215	Gavotte des Mignons (orchestre Pathé).	Mélé.
7216	Gavotte Isabelle (orchestre Pathé).	Turine.
6862	Gavotte Stéphanie (orchestre Pathé).	Czibulka.
6864	Amour discret (gavotte) (orchestre Pathé).	Resch.
6860	Gavotte Trianon (orchestre Pathé).	Vivier.
6848	Berline française (orchestre Pathé).	Sambin.
6450	Loin du Bal (intermezzo) (orchestre Pathé).	E. Gillet.
6451	O Sole Mio (intermezzo) (orchestre Pathé).	E di Capua.
6453	Napoli (tarentelle) (orchestre Pathé).	Mezzacapo.
6456	Chanson des Nids (la (fantaisie variée pour clarinette) (orchestre Pathé).	V. Buot.
6491	Souvenir de St. Rome (fantaisie pour cloches) (orchestre Pathé).	Farigoul.
6492	Pic-Vert (le) (mazurka avec cloches) (orch. Pathé).	XXX.

ORCHESTRE (suite)

Valses

6673	Amoureuse (orchestre Pathé).	ALLIER.
6674	Mon beau ciel de Hongrie (orchestre Pathé).	RODEL.
6654	Belle de New-York (la) (orchestre Pathé).	KERKER.
6659	Sérénade (orchestre Pathé).	MÉTRA.
7310	Bettina (orchestre Pathé).	LAUNAY.
7312	Patineurs (les) (orchestre Pathé).	WALDTEUFEL.
7288	Cannes la Jolie (orchestre Pathé).	GOUIRAND.
7289	Folle extase (orchestre Pathé).	MILOK.
7355	Chèvrefeuille (orchestre Pathé).	PETIT.
7336	Valse des Blondes (orchestre Pathé).	GANNE.
6501	Christmas (avec cloches) (orchestre Pathé).	MARGIS.
6458	Kraquette (la) (danse originale) (orchestre Pathé).	
7328	Constellations (orchestre Pathé).	REYNAUD.
7326	Veuve Joyeuse (la) (orchestre Pathé).	F. LEHAR.
7290	Dames patriotes (les) (orchestre Pathé).	PIVET.
7301	Toujours ou jamais (orchestre Pathé).	WALDTEUFEL.
6679	Fascination (orchestre Pathé).	MARCHETTI.
6680	Illusion d'amour (orchestre Pathé).	BOREL-CLERC.
7286	J'ai tant pleuré (orchestre Pathé).	RICO.
7314	Feuilles du matin (les) (orchestre Pathé).	STRAUSS.
6660	Jolie patineuse (la) (orchestre Pathé).	BAGARRE.
6665	Andalucia (orchestre Pathé).	POPY.

ORCHESTRE *(suite)*

VALSES *(suite)*

7330	Merveilleuses (les) *(tiré de la Fille de Mme Angot)* (orchestre Pathé).	LECOCQ.
7331	Hirondelles du village (les) (orchestre Pathé).	STRAUSS.
80597	Ma belle.	XXX.
82036	Sirène (la).	XXX.
6647	Parisienne (orchestre Pathé).	WESLY.
7272	Estudiantina (l') (orchestre Pathé).	WALDTEUFEL.
7329	Parfum d'éventail (orchestre Pathé).	NICO-GHIKA.
7340	Monte-Cristo (orchestre Pathé).	KOLTAR.
7306	Pomponnette (orchestre Pathé).	LAMBERTY.
7327	Théodora (orchestre Pathé).	DESTRUBÉ.
5501	Quand l'amour meurt (orch. symphon. Pathé).	CRÉMIEUX.
5502	Maîtresse chérie (orch. symphonique Pathé).)	DIODET.
6676	Ravissement (orchestre Pathé).	LEDUC.
6677	Argentine (orchestre Pathé).	DUPETIT.
7309	Rose-Mousse (valse lente) (orchestre Pathé).	A. BOSC.
7322	El Guadalquivir (orchestre Pathé).	MAQUET.
6666	Rose-Mousse (valse lente) (orchestre Pathé).	A. BOSC.
6667	Valse des Bas noirs (orchestre Pathé).	MAQUIS
6651	Santiago (orchestre Pathé).	CORBIN.
7258	Valse des Cloches de Corneville (orch. Pathé).	PLANQUETTE.
6648	Songes roses (orchestre Pathé).	WESLY.
6649	Reproche d'amour (orchestre Pathé).	ROMSBERG.
81108	Sur les rives du Danube.	XXX.
81109	Rêve d'amour.	XXX.
7350	Sympathie (orchestre Pathé).	MEZZACAPO.
7353	Amoureuse (orchestre Pathé).	BERGER.
7253	Tesoro Mio (orchestre Pathé).	BECUCCI.
7254	Amourettes (les) (orchestre Pathé).	GUNG'L.

ORCHESTRE (suite)

VALSES (suite)

7305	Vague (la) (orchestre Pathé).	MÉTRA.
7318	Grenade (orchestre Pathé).	MULLOT.
6661	Valse bleue (orchestre Pathé).	MARGIS.
6664	Flots du Danube (les) (orchestre Pathé).	IVANOVICCI.
6657	Valse câline (orchestre Pathé).	V. TURINE.
6658	Coquelicots (les) (orchestre Pathé).	VIVET.
7251	Valse de Faust (orchestre Pathé).	GOUNOD.
7279	Nuit (la) (orchestre Pathé).	MÉTRA.
6670	Vénézia (orchestre Pathé).	DESORMES.
6672	Juana (orchestre Pathé).	MÊLÉ.

Polkas

7808	Amour malin (l') (orchestre Pathé).	NEIL-MORET.
7817	Forgerons (les) (orchestre Pathé).	BLÉGER.
6711	Amour malin (l') (polka-marche) (orch. Pathé).	NIEL-MORET.
6722	Mattchiche (la) (polka sur des airs espagnols) (orchestre Pathé).	BOREL-CLERC.
8151	Après la guerre (pour piston) (orchestre Pathé).	ROHAULT.
8154	Étoile parisienne (l') (pr piston) (orchestre Pathé).	DESTROST.
6696	Au moulin (polka imitative) (orchestre Pathé).	PETIT.
6705	Colibri (le) (avec flûte) (orchestre Pathé)	SELLÉNICK.
6694	Bruxelles (pour piston) (orchestre Pathé).	BATIFORT.
6697	Chanson des bois (orchestre Pathé).	SAMBIN.
8169	Cécile (pour piston) (orchestre Pathé).	BILLAUT.
8173	Oudin, Mellet, Firmin, Guillier (pour 4 pistons) (orchestre Pathé).	MAYEUR.

ORCHESTRE (suite)

POLKAS (suite)

8454 **Cécile** (pour flûte) (orchestre Pathé). BILLAUT.
8474 **Virtuosité** (pour flûte) (orchestre Pathé). LIGNER.

7869 **Chiens et chats** (polka imitative) (orch. Pathé). STOUPAN.
7135 **Belle meunière** (la) (pour cloches) (orch. Pathé). PARÈS.

8205 **Deux bavards** (les) (pour 2 pistons) (orch. Pathé). ANDRIEU.
8216 **Piston et pistonnette** (pour deux pistons) (orchestre Pathé). DUCLUS.

7856 **Demoiselles de magasin** (les) (orchestre Pathé). MULLOT.
7857 **Poignée de main** (orchestre Pathé). CORBIN.

6721 **Deux petits pinsons** (les) (pour xylophone) (orchestre Pathé). XXX.
6713 **Capricieuse** (pour piston) (orchestre Pathé). VIDAL.

7871 **Doctoresse** (orchestre Pathé). LÉVÊQUE.
6872³ **Orphée aux Enfers** (quadrille, 5e figure) orchestre Pathé). XXX.

7811 **Estudiantina** (la) (orchestre Pathé). MÉTRA.
7565 **Plaisance-Fronsac** (pour piston) (orch. Pathé). FARIGOUL.

6690 **Gracieux murmures** (pour piston) (orch. Pathé). MAQUET.
6691 **Gracieux murmures** (pour flûte) (orch. Pathé). MAQUET.

7848 **Isabella** (polka-marche) (orchestre Pathé). ALDEBERT.
7841 **Little Dick** (orchestre Pathé). BILLAUT.

8217 **Jean qui pleure et Jean qui rit** (pour 2 pistons) (orchestre Pathé). LABIT.
8452 **Méli-Mélo** (pour flûte) (orchestre Pathé). MÊLÉ.

6707 **Madeleine** (pour piston) (orchestre Pathé). A. PETIT.
6731 **Marche de nuit** (polka-marche) (orch. Pathé). POPY.

7821 **Moulinet-Polka** (orchestre Pathé). STRAUSS.
7822 **Jeanne** (orchestre Pathé). BERTHET.

ORCHESTRE (suite)

POLKAS (suite)

6710	Murmures de la Forêt (les) (pour flûte) (orchestre Pathé).	Soulaire.
6736	Aigrette (pour piston) (orchestre Pathé).	Sali.
6725	Petites folles (les) (orchestre Pathé).	Wright & Bert.
6733	Petit Lapin (orchestre Pathé).	Popy.
8160	Pluie de perles (pour piston) (orchestre Pathé).	Goueytes.
8106	Fantaisie pastorale (pour piston) (orch. Pathé).	
7866	Polka des Pachas (orchestre Pathé).	Allier.
7984³	Joyeux Postillon (le) (quadrille) (5e figure) (orchestre Pathé).	
6714	Polka pour hautbois (orchestre Pathé).	Mornay.
6716	Bella-Bocca (orchestre Pathé).	Waldteufel.
6487	Polka originale (avec cloches) (orchestre Pathé).	Bellanger.
7885	Polka des priseurs (orchestre Pathé).	A. Petit.
6726	Pour les bambins (orchestre Pathé).	Fahrbach.
6727	Amant de la Tour-Eiffel (l') (orchestre Pathé).	Rosenzweig.
7824	Promenade-Polka (orchestre Pathé).	Métra.
7828	Tout à la joie (orchestre Pathé).	Fahrbach.
7877	Rafaëlita (orchestre Pathé).	XXX.
7882	Aux Tuileries (orchestre Pathé).	Allier.
7887	Satanella (orchestre Pathé).	Steenebruger.
7889	El Kantara (orchestre Pathé).	Ville d'Avray.
6734	Smarteuse (orchestre Pathé).	Popy.
6735	Polka de Polichinelle (orchestre Pathé).	Corbin.
6743	Sifflez Pierrettes (polka originale) (orch. Pathé).	Popy.
6745	Caille et Coucou (polka pastorale) (orch. Pathé).	Flèche.
6708	Tourterelle (la) (pour petite flûte) (orch. Pathé).	Damaré.
6709	Moutons (les) (polka comique) (orchestre Pathé).	Tourneur.
7854	Troïka (la) (polka russe) (orchestre Pathé).	Elson.
7855	Cette petite femme-là (orchestre Pathé).	Turlet.

ORCHESTRE *(suite)*

Mazurkas

7900	Carte Postale (orchestre Pathé).	STROBL.
7904	Premier pas (le) (orchestre Pathé).	LABIT.
7908	Gage d'amour (orchestre Pathé).	E. MARIE.
7911	Jaloux et Coquette (orchestre Pathé).	CORBIN.
7907	Gloire aux femmes (orchestre Pathé).	STROBL.
7913	Enfants terribles (les) (orchestre Pathé).	CORBIN.
7939	Hommage aux dames (orchestre Pathé).	GOVAERT.
7943	Floréal (orchestre Pathé).	CORBIN.
6758	Mousmé (la) (mazurka japonaise) (orch. Pathé).	GANNE.
6769	Finlandaise (la) (orchestre Pathé).	LÉVÈQUE.
6750	Petite Souris (orchestre Pathé).	A. BOSC.
6752	Cloches de Mai (pour xylophone) (orch. Pathé).	VON DITTRICH.
6782	Première mazurka de Chopin (orch. Pathé).	CHOPIN.
6784	Gracias (orchestre Pathé).	URIZAR.
6495	Sentier fleuri (le) (pour cloches) (orch. Pathé).	GOUIRAND.
6497	Tubophonette (marche pour cloches) (orchestre Pathé).	
7909	Souvenir de Baden-Baden (orchestre Pathé).	XXX.
7910	Brise embaumée (orchestre Pathé).	LAUNAY.
7899	Violettes de Cannes (orchestre Pathé).	BALLERON.
7902	Czarine (la) (orchestre Pathé).	GANNE.
7928	Tzigane (la) (orchestre Pathé).	GANNE.
6830	Pas de quatre (orchestre Pathé).	

ORCHESTRE (suite)

Scottishs

7550	Amitié (orchestre Pathé).	CHAMBROUX.
7551	Blanche de Castille (orchestre Pathé).	BLÉGER.
6808	Christine de Suède (orchestre Pathé).	BLÉGER.
6804	Perruche et perroquet (orchestre Pathé).	CORBIN.
6802	Eggitna (orchestre Pathé).	FLORIAN JULLIAN.
6809	Rosière de Saint-Waast (la) (orchestre Pathé).	MULLOT.
6810	Patineuses Norwégiennes (les) (pas des patineurs) (orchestre Pathé).	GUYARD.
6814	Toboggan (caractéristique) (orchestre Pathé).	FRÉMAUX.
6807	Pas des Patineurs (orchestre Pathé).	JOUVE.
6806	Scottish des Pierrots (orchestre Pathé).	LAMOTTE.

Galops

8031	Express-Orient (galop imitatif) (orchestre Pathé).	BOISSON.
7987³	Châteaudun (quadrille, 5e figure) (orchestre Pathé).	
6890	Jongleur (galop pour xylophone) (orch. Pathé).	V. DITTRICH.
6870⁵	Lanciers (les) (quadrille anglais, 5e figure) (orchestre Pathé).	
6891	Razzia (galop) (orchestre Pathé).	CORBIN.
6871³	Vie Parisienne (la) (quadrille, 5e figure) (or. Pathé).	

ORCHESTRE (suite)

Berline, Pas de Quatre et Pas des Patineurs

6848	Berline française (orchestre Pathé).	SAMBIN.
6860	Gavotte Trianon (orchestre Pathé).	
6807	Pas des patineurs (orchestre Pathé).	JOUVE.
6806	Scottish des Pierrots (orchestre Pathé).	
6830	Pas de quatre (orchestre Pathé).	MEYER-LUTZ.
7928	Tzigane (la) (mazurka) (orchestre Pathé).	
6810	Patineuses norvégiennes (les) (orchestre Pathé).	GUYARD.
6814	Toboggan (scottish) (orchestre Pathé).	

Quadrilles

7987¹	Châteaudun (1re et 2e figures) (orchestre Pathé).	LAMOTTE.
7987²	Châteaudun (3e et 4e figures) (orchestre Pathé).	LAMOTTE.
7987³	Châteaudun (5e figure) (orchestre Pathé).	LAMOTTE.
8031	Express-Orient (galop imitatif) (orchestre Pathé).	
7984¹	Joyeux Postillon (le) (1re et 2e figures) (orchestre Pathé).	REYNAUD.
7984²	Joyeux Postillon (le) (3e et 4e figures) (orchestre Pathé).	REYNAUD.
7984³	Joyeux Postillon (le) (5e figure) (orch. Pathé).	REYNAUD.
7866	Polka des Pachas (orchestre Pathé).	
6870¹	Lanciers (les) (1re figure) (quadrille anglais) (orch. Pathé).	MÉTRA.
6870²	Lanciers (les) (2e figure) (quadrille anglais) (orch. Pathé).	MÉTRA.

ORCHESTRE (suite)

QUADRILLES (suite)

6870³ **Lanciers (les)** (3ᵉ figure) (quadrille anglais) (orch. Pathé).   MÉTRA.

6870⁴ **Lanciers (les)** (4ᵉ figure) (quadrille anglais) (orch. Pathé).   MÉTRA.

6870⁵ **Lanciers (les)** (5ᵉ figure) (quadrille anglais) (orch. Pathé).   MÉTRA.

6890 Jongleur (galop pour xylophone) (orch. Pathé).

6872¹ **Orphée aux Enfers** (1ʳᵉ et 2ᵉ figures) (orchestre Pathé).   OFFENBACH.

6872² **Orphée aux Enfers** (3ᵉ et 4ᵉ figures) (orchestre Pathé).   OFFENBACH.

6872³ **Orphée aux Enfers** (5ᵉ figure) (orchestre Pathé).   OFFENBACH.

7871 Doctoresse (polka) (orchestre Pathé).

6871¹ **Vie Parisienne (la)** (1ʳᵉ et 2ᵉ figures) (orchestre Pathé).   OFFENBACH.

6871² **Vie Parisienne (la)** (2ᵉ et 3ᵉ figures) (orch. Pathé).   OFFENBACH.

6871³ **Vie Parisienne (la)** (5ᵉ figure) (orchestre Pathé).   OFFENBACH.

6891 Razzia (galop) (orchestre Pathé).

Danses étrangères et originales

6894 **Bobre africain** (danse nègre) (orchestre Pathé).   PARÈS.

7058 The Liberty Bell (marche américaine) (orch. Pathé).

7093 **Carmela** (Jota) (danse espagnole) (orch. Pathé).   MANICI.

7094 **Olé !** (Jota) (danse espagnole) (orchestre Pathé).   LUCENA.

6458 **Kraquette (la)** (nouvelle danse) (orch. Pathé).   J. CLÉRICE.

6501 Christmas (valse avec cloches).

6588 **Mattchiche (la)** (danse espagnole) (orch. Pathé).   BOREL-CLERC.

6587 Marche des Midinettes (orchestre Pathé).

ORCHESTRE (suite)

DANSES ÉTRANGÈRES ET ORIGINALES (suite)

6885 Modern-Sports (danse américaine) (orch. Pathé).   WITTMANN.
6886 Danse-Annamite (orchestre Pathé).   MAQUET.

6881 Pilou-Pilou (le) (danse originale) (orch. Pathé).   J. CLÉRICE.
6883 Kic-King (le) (danse originale) (orchestre Pathé).   BOREL-CLERC.

6888 The Brooklyn Cake Walk (danse américaine) (orchestre Pathé).   THURBAN.
6889 Hall to the spirit of Liberty (marche américaine) (orchestre Pathé).

6625 Viva Espana (polka-marche espagnole)   ROMSBERG.
6619 Fraises (les) (pas-redoublé).

Marches américaines

6889 Hall to the spirit of Liberty (orchestre Pathé).   SOUSA.
6888 The Brooklyn cake walk (orchestre Pathé).

83005 Semper fidelis (orchestre Pathé).   SOUSA.
83007 The Liberty Bell (orchestre Pathé).   SOUSA.

7058 The Liberty Bell (orchestre Pathé).   SOUSA.
6894 Bobre africain (danse négre) (orchestre Pathé).

7053 The Loyal Légion (orchestre Pathé).   SOUSA.
7056 The Bell of Chicago (orchestre Pathé).   SOUSA.

7057 The Thunderer (orchestre Pathé).   SOUSA.
7059 King Cotton (orchestre Pathé).   SOUSA.

7050 The Washington Post (orchestre Pathé).   SOUSA.
7086 The Stars and Stripes for ever (orch. Pathé).   SOUSA.

ORCHESTRE (suite)

Marches, défilés et pas redoublés

6568	A travers la Forêt (pas redoublé) (orchestre Pathé).	MARIUS-SUZANNE.
6571	Entrée à Tananarive (l') (pas redoublé) (orchestre Pathé).	E. MARSAL.
6083	Bannière de la Victoire (la) (pas redoublé) (orchestre Pathé).	VON BLON.
6184	Par le flanc droit, marche! (marche) (orchestre Pathé).	MULLOT.
6584	Beauvaisienne (la) (marche) (orchestre Pathé).	SARRUT.
6586	Marche Algérienne (orchestre Pathé).	A. BOSC.
6024	Cadets de Russie (les) (pas redoublé) (orchestre Pathé).	SELLÉNICK.
6032	Cordialement (pas redoublé) (orchestre Pathé).	PERPIGNAN.
6582	Cadets de Russie (les) (pas redoublé) (orchestre Pathé).	SELLÉNICK.
6583	Semper fidelis (marche) (orchestre Pathé).	SOUSA.
6022	Compiégnois (le) (marche) (orchestre Pathé).	LEBLAN.
6043	Algérien (l') (pas redoublé) (orchestre Pathé).	GOUEYTES.
6596	Conscrit (le) (allegro) (orchestre Pathé).	G. ALLIER.
6597	Défilé " Harmonie Pathé " (orchestre Pathé).	BELLANGER.
6555	Défilé de la Garde Républicaine (orch. Pathé).	WETTGE.
6554	Défilé de la 35ᵉ division (orchestre Pathé).	CHAULIER.
6599	Fives-Lille (pas redoublé) (orchestre Pathé).	SELLÉNICK.
6601	Cadets d'Autriche (les) (pas redoublé) (orchestre Pathé).	G. PARÈS.
6619	Fraises (les) (pas redoublé) (orchestre Pathé).	G. PARÈS.
6625	Viva Espana (polka-marche espagnole) (orchestre Pathé).	

ORCHESTRE (suite)

MARCHES, DÉFILÉS, PAS REDOUBLÉS (suite)

6115 Légion qui passe (la) (pas redoublé) (orchestre
       Pathé).   QUÉRU.
6154 Mes Adieux à la Hongrie (pas redoublé) (or-
       chestre Pathé).   FAHRBACH.

6525 Marche Caucasienne (orchestre Pathé).   GARCIAU.
6524 Kléber-Marsh (marche) (orchestre Pathé).   SALI.

6543 Marche Chinoise nᵒ 1 (orchestre Pathé).   REYNAUD.
6544 Marche Chinoise nᵒ 2 (orchestre Pathé).   REYNAUD.

6144 Marche des Chasseurs autrichiens (orchestre
       Pathé).   EILENBERG.
6637 Marche du Tannhaüser (marche de concert)
       (orchestre Pathé).

6609 Marche des cyclistes (orchestre Pathé).   EUSTACE.
6610 Parisien (le) (pas redoublé) (orchestre Pathé).   G. ALLIER.

6603 Marche des Drapeaux (défilé) (orchestre Pathé).   SELLÉNICK.
6606 Moscou (pas redoublé) (orchestre Pathé).   G. ALLIER.

6587 Marche des midinettes (orchestre Pathé).   XXX.
6588 Mattchiche (la) (danse espagnole) (orchestre Pathé).

6059 Marche russe (orchestre Pathé).   GANNE.
6132 Robertsau (la) (orchestre Pathé).   SELLÉNICK.

6607 Marche des sonneurs (orchestre Pathé).   WITTMANN.
6608 En avant (pas redoublé) (orchestre Pathé).   MENZEL.

6593 Marche des sultanes (orchestre Pathé).   G. ALLIER.
6594 Républicain (le) (pas redoublé) (orchestre Pathé). DAUNOT.

6562 Mont-Joye St-Denis (pas redoublé) (orch. Pathé). E. SAVOURET.
6567 Crocodile (le) (pas redoublé) (orchestre Pathé). LERUUX.

6558 Papa l'arbi (défilé des zouaves) (orchestre Pathé). PÉRICAT.
6563 Marche française (1804) (orchestre Pathé).   BOREL-CLERC.

6576 Paris-Bruxelles (marche) (orchestre Pathé).   V. TURINE.
6577 Chevau-Léger (marche) (orchestre Pathé).   G. PARÈS.

ORCHESTRE *(suite)*

MARCHES, DÉFILÉS, PAS REDOUBLÉS *(suite)*

6027 **Paris-Bruxelles** (pas redoublé) (orchestre Pathé).   TURINE.
6065 **Ronde des petits pierrots** (marche) (orchestre
Pathé).   BOSC.

6547 **Retraite tartare** (orchestre Pathé).   SELLÉNICK.
6552 **Soldats dans le parc (les)** (orchestre Pathé).   LIONEL MONCKTON.

6135 **Saint Georges** (orchestre Pathé).   G. ALLIER.
6163 **Tout-Paris (le)** (pas redoublé) (orchestre Pathé). A. LOGER.

6072 **Salut à Copenhague** (marche) (orch. Pathé).   FAHRBACH.
6084 **Alsacien (l')** (pas redoublé) (orchestre Pathé).   LAUNAY.

6622 **Salut à Milan** (orchestre Pathé).   ANDRIEU.
6572 **Fend l'air** (défilé) (orchestre Pathé).   MOMMÉJA.

81263 **Ta ra ra boum dera** (orchestre Pathé).   XXX.
83001 **Cadix** (orchestre Pathé).   XXX.

6497 **Tubophonette** (marche pour cloches) (orchestre
Pathé).
                                                            LACROIX.
6495 **Sentier fleuri (le)** (mazurka pour cloches) (orchestre
Pathé).

6164 **Vogésia** (marche) (orchestre Pathé).   SALI.
6198 **Ké-Son** (pas redoublé) (orche tre Pathé).   BIDEGAIN.

6612 **Union française (l')** (pas redoublé) (orch. Pathé). GRIFFON.
6615 **Redoutable (le)** (orchestre Pathé).   ALLIER.

ORCHESTRE (*suite*)

Soli d'instruments divers

8151 Après la guerre (polka pour piston) (orch. Pathé). Rohault.
8154 Etoile parisienne (l') (polka pour piston) (orch. Pathé). Destrost.

6694 Bruxelles (polka pour piston) (orchestre Pathé). Batifort.
6697 Chanson des bois (polka) (orchestre Pathé).

8911 Carnaval de Venise (le) (solo de xylophone) (orchestre Pathé). Boettge.
8918 Au Clair de la Lune (fantaisie variée pour xylophone). Janin.

83069 Carnaval de Venise (le) (variation pour ocarina) (orchestre Pathé). XXX.
83072 Lune de miel (la) (marche pour ocarina) (orch. Pathé). XXX.

8169 Cécile (polka pour piston) (orchestre Pathé). Billaut.
8173 Oudin, Mellet, Firmin, Guillier (polka pour 4 pistons) (orchestre Pathé). Mayeur.

8454 Cécile (polka pour flûte) (orchestre Pathé). Billaut.
8474 Virtuosité (polka pour flûte) (orchestre Pathé). Ligner.

6456 Chanson des Nids (la) (fantaisie variée pour clarinette) (orchestre Pathé). Buot.
6453 Napoli (tarentelle) (orchestre Pathé).

6752 Cloches de Mai (mazurka pour xylophone) (orch. Pathé). Von Dittrich.
6750 Petite souris (mazurka) (orchestre Pathé).

6705 Colibri (le) (polka avec solo de petite flûte) (orchestre Pathé). Sellénick.
6696 Au moulin (polka imitative) (orchestre Pathé).

8205 Deux bavards (les) (polka pour 2 pistons) (orch. Pathé). Andrieu.
8216 Piston et Pistonnette (polka pour 2 pistons) (orchestre Pathé). Duclus.

ORCHESTRE (suite)

SOLI D'INSTRUMENTS DIVERS (suite)

6721   **Deux petits pinsons** (les) (polka pour xylophone) (orchestre Pathé).   XXX.
6713   **Capricieuse** (polka pour piston) (orchestre Pathé).   VIDAL.

8106   **Fantaisie pastorale** (solo de piston) (orchestre Pathé).   SINGELÉ.
8160   **Pluie de perles** (polka pour piston) (orch. Pathé).   GOUEYTES.

6690   **Gracieux murmures** (polka pour piston) (orch. Pathé).   MAQUET.
6691   **Gracieux murmures** (polka pour flûte) (orch. Pathé).   MAQUET.

8217   **Jean qui pleure et Jean qui rit** (polka pour 2 pistons) (orchestre Pathé).   LABIT.
8452   **Méli mélo** (polka pour flûte) (orchestre Pathé).   MÉLÉ.

6890   **Jongleur** (galop pour xylophone) (orch. Pathé).   VON DITTRICH.
6870⁵   **Lanciers** (les) (quadrille anglais) (5ᵉ figure) (orch. Pathé).

6707   **Madeleine** (polka pour piston) (orchestre Pathé).   A. PETIT.
6731   **Marche de nuit** (polka-marche) (orchestre Pathé).

6710   **Murmures de la forêt** (les) (polka pour flûte) (orchestre Pathé).   SOULAIRE.
6736   **Aigrette** (polka pour piston) (orchestre Pathé).   SALI.

7565   **Plaisance-Fronsac** (polka pour piston) (orchestre Pathé).   FARIGOUL.
7811   **Estudiantina** (la) (polka) (orchestre Pathé).

6714   **Polka pour hautbois** (orchestre Pathé).   MORNAY.
6716   **Bella Bocca** (polka) (orchestre Pathé).

6708   **Tourterelle** (la) (polka pour petite flûte) (orchestre Pathé).   DAMARÉ.
6709   **Moutons** (les) (polka comique) (orchestre Pathé).

✳ ✳ ✳

ORCHESTRE (suite)

Soli de Violon
exécutés par M. MISCHA-ELMAN

8505	Gavotte.	BACH.
8508	Allegro.	BACH.
8502	Moment musical.	SCHUBERT.
8503	Sérénade.	ARENSKY.
8501	Trâumerei.	SCHUMANN.
8507	Abendlied.	SCHUMANN.

Soli de Violon
exécutés par M. Emile MENDELS, premier prix du Conservatoire
(avec accompagnement d'orchestre)

5507	Marche héroïque (orchestre Pathé).	XXX.
5512	Pré aux clercs (le) (fantaisie) (orch. Pathé).	HÉROLD-SINGELÉE.
5506	Tesoro Mio (valse italienne) (orchestre Pathé).	BECUCCI.
5509	Séduction (la) (air de ballet) (orchestre Pathé).	P. ACCORDI.

Soli de Violon
exécutés par M. A. MAI, premier violon au théâtre de la Scala, Milan

82130	Traviata (la) (valse).	VERDI.
82132	Estudiantina (valse).	LACÔME.

ORCHESTRE (*suite*)

Soli de Violoncelle

exécutés par **M. Jean BEDETTI**, violoncelle-solo de l'Opéra-Comique
(avec accompagnement d'orchestre)

8529	Caprice hongrois (orchestre Pathé).	XXX.
8533	Samson et Dalila. — Printemps qui commence (orchestre Pathé).	ST-SAËNS.

Soli de Mandoline

80106	Amour (marche).	XXX.
82103	Serenata.	SCHUBERT.
82097	Mignon (gavotte).	A. THOMAS.
82101	Ave Maria.	GOUNOD.
80135	Vague vision (valse).	XXX.
82104	Loin du Bal (valse).	E. GILLET.

Soli d'Accordéon

exécutés par **M. CHARLIER**, accordéoniste liégeois

9600	Retour de Seraing.	XXX.
9601	Orfélia (valse).	XXX.
9602	Zizi (polka).	XXX.
9603	Original-Mazurka.	XXX.

ORCHESTRE (*suite*)

Trompettes de Cavalerie

8804 L'Extinction des feux. — La Générale. — A l'Etendard. — L'Ouverture du ban. — La Fermeture du ban. — Garde à vous. — Pied à terre. — Sabre à la main. — Remettez le Sabre.

8805 La Marche. — La Charge. — Exécution. — Dans chaque Escadron. — Dans chaque Régiment. — En Avant. — Halte. — Demi-tour. — En retraite. — A droite, à gauche. — En ligne de Colonnes. — En Bataille. — Le Ralliement — Le Rassemblement. — La Charge en fourrageurs. — Au pas. — Au trot. — Au galop. — Le Demi-Appel.

Trompes de Chasse

QUATUORS

8784 Chabrillant (la).
8786 Rallye-Lorraine.

TABLE DES MATIÈRES

CHANT

OPÉRAS, OPÉRAS-COMIQUES, OPÉRETTES

HYMNE NATIONAL, CHANTS PATRIOTIQUES, MÉLODIES ET ROMANCES

RÉPERTOIRES INDIVIDUELS

OPÉRAS, OPÉRAS-COMIQUES, OPÉRETTES

CONCERT

DÉCLAMATION

ORCHESTRE

Imp. Alb. MANIER, 139, boulevard de la Villette, Paris